ESSAI
SUR
LE CLIMAT CHAUD,
ET SON INFLUENCE SUR L'ÉCONOMIE.

N.° 92.

Tribut Académique,

PRÉSENTÉ ET PUBLIQUEMENT SOUTENU
A LA FACULTÉ DE MÉDECINE DE MONTPELLIER,
LE   AOUT 1822;

Par S. R. AQUART,

De SAINTE-LUCIE *(Colonie anglaise)*;

POUR OBTENIR LE GRADE DE DOCTEUR EN MÉDECINE.

Felix qui potuit rerum cognoscere causas.
VIRG.

A MONTPELLIER,
Chez JEAN MARTEL Aîné, Seul Imprimeur de la Faculté de Médecine,
près l'Hôtel de la Préfecture, n.° 62.

1822.

A MA MÈRE.

Souffrez, qu'en terminant mes études médicales, je vous en offre le fruit, tribut faible, il est vrai, de ma reconnaissance à vos tendres sollicitudes et au sacrifice de votre amour maternel.

AQUART.

ESSAI

SUR

LE CLIMAT CHAUD,

ET SON INFLUENCE SUR L'ÉCONOMIE.

PAR la dénomination de *climat*, les géographes ont exprimé des régions de la terre comprises entre des cercles parallèles à l'équateur. Cette manière de déterminer les climats, suffisante pour l'emploi qu'ils en font, ne convient pas également aux médecins : pour eux, il indique plus particulièrement les rapports de distance entre le soleil et la terre ; pour nous, il rappelle une foule de combinaisons qui le font varier ; il comprend les qualités que peuvent présenter l'air et les lieux, les degrés habituels de chaud ou de froid, la nature et la dépression des terroirs, leur exposition vers les points cardinaux, les chaînes de montagnes qui les coupent, les eaux qui les arrosent, leur plus ou moins de fertilité, de sécheresse ou d'humidité, le système ordinaire des vents ; enfin, tout ce que les circonstances physiques apportent de particulier dans le genre de vie, la santé, la disposition aux maladies, suivant les âges, les sexes et les tempéramens. Ainsi, le mot *climat* est pour nous un terme abrégé, dont nous usons pour exprimer cet ensemble de causes qui déterminent la constitution atmosphérique propre à telle région, à tel pays, à telle localité.

Ce sont donc moins les différentes latitudes que ces conditions réunies qui forment précisément les climats ; et, parmi elles, la température ordinaire et les autres qualités de l'air paraissent la déterminer plus particulièrement (1). Les circonstances que j'ai signalées, bien qu'elles influent, n'ont pas des effets aussi déterminés, et doivent être regardées comme des auxiliaires à une puissance plus forte.

Pour mettre un ordre convenable dans mon travail, je le diviserai en deux sections : dans la première, je considérerai les différentes qualités de l'atmosphère dans le climat chaud ; dans la seconde, je rechercherai ses effets sur l'économie, et quelles sont les maladies qui lui sont plus particulièrement attachées.

SECTION I.re

Le climat chaud n'est pas seulement compris entre les deux tropiques, il s'étend encore jusqu'au 30.e degré de latitude, soit boréale, soit australe : ainsi, il règne également sur une partie des deux continens américains et le Mexique, sur la vaste chaîne que forment les îles situées à l'entrée de la mer des Caraïbes, sur presque toute l'Afrique et la partie méridionale de l'Arabie, les deux presqu'îles du Gange, et sur les immenses Colonies situées entre la Chine et la Nouvelle Hollande.

Il est quelques pays, placés hors des limites de ce climat, qui paraissent au premier coup-d'œil être soumis à son influence, et qui, en effet, dans une topographie médicale devraient y être rap-

---

(1) C'est cette grande influence des températures qui a fait considérer en général trois grands climats : le climat chaud, situé entre les deux tropiques ; aux limites de celui-ci commence le tempéré, qui s'étend jusqu'au 55.e ou 60.e degré boréal ou austral ; de là jusqu'aux pôles règnent les climats froids.

portés ; car si l'on a bien saisi toutes les circonstances que j'ai signalées, en disant ce que la médecine hygiénique entendait par la dénomination de climat, il est facile de concevoir que le climat d'un pays peut ressembler à certains égards à celui d'un autre, quoique placés tous deux sous des latitudes bien différentes, et que souvent à des distances peu considérables ils diffèrent essentiellement. Les habitans des montagnes, par exemple, ont tous quelque chose de commun, et il n'est pas rare de voir ceux qui cultivent les plaines dans des pays assez froids, présenter ces points de rapprochement avec les montagnards d'un pays chaud (1).

Atmosphère. L'air au milieu duquel nous vivons est un fluide élastique, pesant et inodore, d'une transparence parfaite, susceptible de condensation et de réfraction, formant autour du globe la masse atmosphérique, qui est supposée s'élever à la hauteur de quinze à seize lieues, suivant les calculs des physiciens. L'air est composé de 21 parties d'oxygène sur 78 d'azote et une d'acide carbonique. Indépendamment de cette analyse, il contient encore du calorique latent, auquel il doit sa fluidité élastique ; une quantité variable de calorique libre, d'où dépend sa température ; de la lumière, du fluide électrique, et une certaine quantité d'eau, soit combinée, soit seulement à l'état de suspension.

Comme il émane, de chacune de ces qualités de l'air, une influence d'une nature spéciale qui s'exerce sur nos organes en particulier, ou sur notre système en général, nous allons les examiner successivement.

Calorique. C'est du plus ou moins de calorique répandu ou réfléchi dans l'atmosphère que dépend sa température plus ou moins élevée. Mais le calorique est-il un corps particulier, distinct de la lumière ; ou le calorique et la lumière sont-ils le produit de deux modifications

---

(1) On assure qu'il existe, au milieu des froides montagnes de l'Afrique, des peuples blancs comme les Européens ; de même qu'il existe des peuplades de race nègre dans des régions assez froides. (*Dictionnaire des Sciences médicales.*)

particulières du même corps ? Cette discussion polémique a été souvent agitée sans que la science en ait retiré aucun profit. En attendant la solution de cette grande question, on peut suivre l'opinion la plus généralement reçue : nous dirons donc que le calorique est une matière propre, subtile, élastique, universellement répandue, pénétrant tous les corps, tendant à l'équilibre, principe de toute gazéité, inconnue dans sa substance, et appréciable seulement par ses effets.

Dans les climats chauds plusieurs causes concourent simultanément à produire et à entretenir la chaleur : telle est la durée des jours égale à celle des nuits dans toutes les saisons de l'année, ou au moins les variations qui existent sont peu considérables. L'action perpendiculaire du soleil n'influe pas moins : suivant une marche constante entre les tropiques, il demeure par ce rapport dans une direction perpendiculaire, et lance ses rayons plus directement et en même temps en plus grande masse. La qualité du sol peut encore être placée parmi ces causes : telles sont ces terres sablonneuses et arides qui ne laissent croître aucun végétal, ces terreins rocailleux et sauvages, ceux que tourmente continuellement la sécheresse, ou dont la couleur plus ou moins foncée permet plus facilement l'absorption des rayons calorifiques. Une foule d'autres circonstances viennent se ranger auprès de ces causes principales pour concourir au même but : ce sont la dépression du sol et son inclinaison, la figure des montagnes, la sérénité du ciel et les vents ordinaires.

C'est moins l'excès d'une température élevée qui rend insupportables nos chaleurs de la zone torride que leur continuité, car il est maintenant bien démontré que le *maximum* de la chaleur est à peu près le même dans tous les climats, et que, sous l'équateur, le mercure ne s'élève guère plus que sous les cercles polaires. Dans la Laponie, par exemple, lorsque le soleil est au solstice d'été, les jours sont de 18 à 20 heures, et la chaleur s'élève souvent d'autant de degrés qu'au Caire. L'on voit dans ces climats l'échelle thermométrique parcourir 40 ou 50 degrés dans l'année ; et si le Sénégal est regardé comme le pays le plus chaud, si le thermomètre s'y élève quelquefois jusqu'à 33 degrés et plus, cela est dû aux sables dont le pays est entièrement recouvert.

Humidité. L'air tel qu'il existe, avons-nous dit, n'est jamais exactement dépourvu d'eau ; en effet, toutes les masses d'eau, tant stagnantes que courantes qui s'offrent sur les différentes parties du globe, subissent sans cesse de tous les points de leur surface une évaporation continuelle. Cette évaporation, toujours en raison directe de la température, a lieu dans les temps froids comme dans les temps chauds.

C'est au célèbre Leroy que la science est redevable des premières expériences qui ont été faites à l'égard de l'eau qui se trouve répandue dans l'atmosphère ; mais il paraît démontré maintenant que l'air ne dissout pas l'eau, comme le pensait ce savant, de la même manière et avec les mêmes circonstances que l'eau dissout les sels : c'est au moins là ce que prouvent les expériences de M. de Saussure, faites plus tard et avec beaucoup de précision ; cependant plusieurs chimistes recommandables du temps pensent devoir accorder à l'air cette faculté dissolvante sur l'eau réduite à l'état de vapeur.

L'air saturé même d'une assez grande quantité d'eau peut ne faire éprouver aucune variation à l'hygromètre ; car c'est moins la quantité d'eau que l'air contient, que le défaut de proportion de cette quantité avec la faculté dissolvante, qui détermine l'humidité ou la sécheresse de l'air ; et une remarque intéressante, c'est que cette faculté augmente également par la température et le mouvement de ce fluide. Tant que l'eau répandue dans l'atmosphère n'excède pas le degré de saturation, l'humidité n'est pas sensible ; mais si, par une diminution de la température ou par quelqu'autre cause inconnue, il devient sursaturé, que cet équilibre enfin se rompe, il abandonne toute l'eau qu'il dissolvait, et forme des nuages, des brouillards, des pluies même, et met en mouvement l'hygromètre.

Les causes qui concourent à produire l'humidité, sont variées comme celles qui peuvent entretenir et augmenter la chaleur. Nous venons de parler de cette faculté dissolvante de l'air et du rôle qu'y joue le calorique : on peut ajouter, en général, que plus un pays est marécageux ou richement arrosé par des fleuves, plus aussi l'humidité est grande. Si ce pays offre de hautes montagnes dont le sommet est recouvert d'arbres, il sera encore plus humide, parce que ces montagnes exerceront une forte attraction sur l'humidité des hautes régions de l'atmosphère, et condenseront les vapeurs au point même de déterminer des pluies. Certains vents, et principalement dans les plages maritimes, amènent un temps très-humide, en se chargeant, dans leur course, de toutes les parties aqueuses qu'ils rencontrent.

Électricité. Cette grande évaporation rend l'électricité très-faible dans les pays dont il est ici question, parce que, de tous les corps connus, l'eau à l'état de vapeur est le meilleur conducteur de ce fluide. Dans les temps ordinaires, cette soustraction de l'électricité est peu sensible, par la correspondance de l'atmosphère et du globe, soit au moyen des brouillards, soit par l'humidité des nuits; mais si, dans une constitution orageuse, cette soustraction continue long-temps sans aucune restitution, l'atmosphère devient comme un immense isoloir électrisé négativement, et alors la décharge ne peut plus être insensible; l'équilibre ne se rétablit que par de violentes secousses qui donnent lieu aux éclats de la foudre, à l'irruption de ces pluies qui tombent par torrens, et à ces explosions fortes qui semblent ébranler toute la nature.

D'après tout ce qui précède, on serait tenté de croire que le climat de la zone torride est en général chaud et humide; aucune autre région du globe ne réunit en effet, comme elle, l'ensemble des conditions qui pourraient concourir à ce but : à l'égard du chaud, la perpendicularité du soleil est une raison suffisante; et pour l'humide, une température élevée, une vaste étendue de mer qui baigne presque de tout côté les pays qui s'y trouvent, des fleuves et des rivières considérables, des montagnes élevées, tout, en un mot, s'y rencontre pour favoriser, entretenir et fixer dans l'atmosphère une plus grande quantité d'eau. Il n'en est cependant pas rigoureusement ainsi : il faut se rappeler que l'humidité est la présence sensible de l'eau dans l'air, et que si, dans le climat dont je parle, il y en a toujours nécessairement davantage, l'air aussi acquiert une force dissolvante plus considérable par la température et le mouvement continuel qu'il subit de la part des vents.

Saisons. Le climat de la zone torride est relatif aux saisons qui se partagent l'année. Nullement réglées, comme dans les régions tempérées, sur la rotation du globe et le plan de l'écliptique, on s'est borné à saisir les deux principales modifications de l'air, sa sécheresse et son humidité. On distingue donc seulement un été, ou un temps pendant lequel le ciel est sec, serein et calme ; un hiver, ou un temps de pluies, d'orages et de tempêtes. Ce que nous dirons de ces deux saisons fixera ce qu'est ce climat.

Deux fois chaque année, le soleil franchit l'équateur pour se porter vers l'un ou l'autre tropique; deux fois chaque année, par conséquent, le soleil darde perpendiculairement sur les régions intertropicales, et y détermine deux étés et deux hivers. Sous les tropiques il n'en est pas même : ce sont bien encore l'hiver et l'été qui se partagent la révolution annuelle, mais le soleil n'arrivant qu'une seule fois à cette barrière, il s'ensuit que ces deux saisons n'y règnent aussi qu'une seule fois l'année. Lorsque le soleil est au zénith pour l'équateur, que ses rayons dardent en plein, on sent quelle évaporation il doit se faire alors : elle est si grande qu'elle surpasse de beaucoup la faculté dissolvante de l'air. L'eau s'accumule ainsi dans l'atmosphère, le ciel se voile, des nuages épais se forment, et conducteurs isolés de l'électricité qui se met bientôt en jeu, on en voit sortir la foudre, et un déluge d'eau qui s'épanche avec fracas, éboule les terres et inonde tout. Les eaux s'écoulent, le calme renaît, et bientôt la même scène se renouvelle. Je ne parlerai pas ici de ces phénomènes extraordinaires qui se remarquent quelquefois dans cette saison, de ces *harmattants*, chargés de vapeurs pestilentielles, dont parle le docteur Lind; de ces *moussons* terribles des Indes, et de nos *ouragans* dévastateurs qui surpassent tout ce que l'imagination peut se peindre, et qui viennent porter le comble aux désastres publics, en détruisant les richesses, en ébranlant les santés, et en compromettant même la vie. Cette saison la plus chaude est en même temps extrêmement humide. Tout se pourrit, tout se couvre de moisissure, les métaux s'oxident du matin au soir, les viandes se corrompent en 24 heures, tout, en un mot, paraît menacé de décomposition, sans en excepter même les plantes qui sont sur pied. C'est sur-tout alors que fourmillent les insectes et les reptiles; nulle part, pour ainsi dire, on ne peut s'en garantir. De là, le nom de *saison des pluies* ou *hivernage* affecté à ces époques de l'année.

Le soleil, après avoir passé la ligne équinoxiale, se dirige vers le tropique du cancer ou celui du capricorne. Il entraîne avec lui les désordres qu'il vient de répandre sous l'équateur, et laisse ces régions jouir d'un temps plus frais et plus calme. Les vents ont repris leur rit ordinaire; une rosée abondante, mais douce, a remplacé les avalaisons, la végétation est plus vigoureuse et la nature plus belle. « Le ciel est jour et nuit d'une pureté qui permet non« seulement de fixer tour-à-tour le lever et le coucher du soleil, « mais encore d'observer dans ce même jour le déclin et le croissant « de la lune (1). » Plus le soleil s'avance vers les tropiques, moins les chaleurs sont fortes. Insensiblement l'humidité décroît, et un temps sec vient enfin régner pour quelques mois sur ces pays. La plupart des arbres se fanent et renouvellent leur feuillage, sans pourtant aucune interruption de la végétation, et jamais la verdure ne cesse d'y égayer la vue.

Telles sont les deux saisons qui se font remarquer sous la ligne : deux hivernages chaque année qui arrivent vers les équinoxes, en alternant avec deux étés dont les dates sont celles des solstices. Nous avons fait observer déjà comment sous les tropiques ces saisons ne se montraient qu'une seule fois l'an. Maintenant on sent que chaque pays intermédiaire à l'un ou l'autre tropique et l'équateur doit voir varier le retour de ses saisons sèches ou humides suivant sa latitude. L'île de Ste-Lucie, par exemple, située vers le 13.ᵉ degré septen-

---

(1) Pugnet, topographie de Ste.-Lucie.

trional, jouit de sa plus belle saison, tandis que la ville de Lima, presque à la même latitude méridionale, est désolée par l'hivernage. Plus un pays se rapprochera des limites de notre zone, moins il y aura de régularité dans le retour et la durée de ses saisons. Enfin, St.-Domingue ne voit déjà plus qu'un hivernage double dont le milieu est marqué par quelques beaux jours et une saison sèche qui se prolonge jusqu'au retour du soleil.

L'humidité et la sécheresse sont donc tour-à-tour bien marquées sous la zone torride, sauf quelques localités particulières qui, comme par-tout, sortent de cette règle générale par des accidens physiques, qui déterminent exclusivement l'une ou l'autre de ces qualités dans l'atmosphère. C'est donc à tort qu'on répète que notre climat est toujours chaud et humide. Je conviendrai cependant que le règne de l'humidité est un peu plus long que celui de la sécheresse, surtout pour les pays les plus voisins de l'équateur, parce que les abondantes rosées qui ont lieu après les équinoxes l'entretiennent encore.

SECTION IIe

Influence des différentes qualités de l'atmosphère sur l'économie.

La chaleur, ce principe qu'Hippocrate nommait le souffle de la vie, pénètre en effet tout dans la nature, augmente l'énergie, donne la force et la vigueur, pourvu qu'elle soit modérée. Sans elle, plus de fécondité, plus de richesses; l'homme et la plante végètent dans la langueur et périssent également. C'est sans doute à cause de tant de bienfaits que les peuples anciens avaient adoré l'astre qui en est la source. Mais s'il en émane d'aussi heureux effets, si sa nécessité est pour ainsi dire indispensable, son influence, sur-tout si elle est prolongée, devient aussi pour nous la source d'une infinité de maladies.

Les effets généraux qu'une chaleur intense et long-temps soutenue produit sur notre économie, sont : une excitation générale de tout le système, une sensibilité plus exaltée, une irritabilité plus grande, qui se joint en même temps à peu de vigueur. Quelques observateurs (1) ont été jusqu'à déterminer la puissance musculaire moindre de moitié. Je pense que, pour l'affirmer d'une manière précise, il faudrait une plus grande somme d'observations; mais ce qui ne peut être révoqué en doute, c'est que l'énergie surpasse de beaucoup les forces réelles, ou pour me servir du langage de M. Barthez, il y a une augmentation considérable des forces agissantes, avec affaiblissement relatif des forces radicales. Les tissus sont en général d'une flaccidité remarquable et moins abreuvés de sucs ; les facultés vitales de l'intérieur plus faibles que celles de l'extérieur, ce qui est d'accord avec les observations de Hunter et de plusieurs autres physiologistes ; enfin la chaleur animale est moindre, ce qui peut tenir à l'état du sang, ou à la transpiration continuelle qui enlève au corps en s'évaporant une partie de son calorique, peut-être à ces deux causes réunies.

La chaleur ne borne pas là ses effets sur l'homme ; elle détermine encore une action particulière sur les différens systèmes d'organes et sur la plupart des sécrétions. La circulation artérielle est d'abord plus rapide : les observations de Bernier, faites au Mogol, le dénotent. Ce médecin assure avoir compté souvent jusqu'à cent pulsations par minute sur des sujets adultes (2). Tout le monde, du reste, peut avoir remarqué cette accélération dans la saison des chaleurs ; mais en même temps le pouls est moins fort, se laisse déprimer facilement, et rien de plus commun que son abattement dans les moindres maladies ; peut-être aussi la sanguification est moins parfaite par le double état des forces digestives et respiratoires. Une autre remarque très-intéressante est la prédominance du système veineux sur l'artériel. Tout y annonce une turgescence sanguine, mais bien différente de la vraie pléthore, qui est toujours l'apanage de la vigueur : ce n'est tout au plus que cette pléthore fausse qui

---

(1) Coulombe, mém. sur le travail des hommes et des femmes et leurs forces en divers climats.
(2) Dict. des scien. méd.

dépend de la raréfaction du sang dans les vaisseaux. Toutes les autres humeurs subissent du reste la même dilatation, la même exaltation, et leurs parties aqueuses les plus fluides se dissipant sans cesse par la transpiration, elles acquièrent plus d'épaississement et d'âcrimonie, comme le disait le Père de la médecine : *Æstate spissantur humores, acrimoniam acquirunt.* La chaleur dilatant toujours les pores de la peau, entretient continuellement une sueur abondante et forcée, qui, quoiqu'on use d'alimens très-humides, dessèche et affaisse le tisu cellulaire. On peut trouver ici la raison de cet accroissement de la sensibilité et de l'irritabilité, en ce que les extrémités nerveuses, dénudées en quelque sorte, sont plus disposées à recevoir l'impression de la chaleur. Le tube digestif est dans un état de langueur et d'affaiblissement radical par la distraction des forces dont nous venons de parler. L'appétit fait sentir rarement le besoin de réparer les forces perdues, et les alimens qu'il appète, quoique légers, procurent des digestions longues et pénibles : la nature semble avoir voulu remédier à cet inconvénient en prodiguant dans ces contrées les épices et les aromates ; l'usage immodéré même qu'on en fait est plus excusable par le besoin de réveiller sans cesse une fonction languissante ; et une conséquence qui découle nécessairement de cet état, est que le chyle doit être moins parfait. La poitrine est plus resserrée, les poumons se dilatent moins, et reçoivent un air qui, toujours plus raréfié, contient, sous un volume donné, une quantité moindre d'oxigène ; mais il est vrai, d'un autre côté, que la respiration est plus fréquente. De l'action attractive que la chaleur exerce vers la périférie, et du défaut d'énergie à l'intérieur, il résulte que plusieurs de nos excrétions sont sensiblement diminuées. La quantité de nos urines est beaucoup moindre, elles sont plus chargées de leurs principes constituans ; plus rouges et plus âcres ; depuis long-temps on a déjà remarqué qu'elles sont en raison inverse de la transpiration. La menstruation est aussi moins abondante, sans pourtant que la faculté d'engendrer paraisse en souffrir nullement, et ses époques se renouvellent avec la régularité ordinaire. Les glandes salivaires et mammaires offrent la même particularité dans leurs sécrétions ; mais il n'en est pas de même pour le foie et les testicules. Placés l'un et l'autre sous une dépendance plus intime du système nerveux, comme l'observe M. Virey, ils doivent ressentir plus particulièrement l'impression de la chaleur. Il est aussi de remarque que leur sécrétion est plus active, et à l'égard de la bile en particulier, tout porte à croire qu'elle est douée d'une qualité plus stimulante.

L'humidité de l'air, unie à la chaleur, forme la constitution la plus préjudiciable à l'homme. La débilité est plus grande ; la fibre plus relâchée, les tissus plus amollis, la transpiration diminuée, et en même temps une absorption active de l'eau dont l'air est sursaturé. Heureux, quand alors il n'est pas le véhicule de principes contagieux ou pestilentiels; car il est de fait bien constaté, qu'aucune constitution ne favorise comme elle les progrès des épidémies. L'humidité rend la chaleur plus insupportable et augmente son action. La respiration est difficile ; la tête pesante ; les travaux de l'esprit aussi pénibles que ceux du corps sont fatigans : on éprouve un malaise général. Les digestions sont laborieuses ; la circulation des fluides ralentie, le pouls plus mou, enfin les sécrétions à l'intérieur plus aqueuses. Si maintenant nous tournons nos regards vers l'homme malade, quelle disposition à la putrescence ! Les ulcères manifestent promptement un mauvais caractère, elles deviennent blafardes et fongueuses; les fièvres se changent souvent en adynamiques. Quel que soit son mal, une prostration plus grande des forces, symptôme toujours fâcheux, vient l'aggraver ou retarder la guérison, ou bien le retour de la maladie remplace une heureuse convalescence. Ces effets d'une constitution humide, sont toujours d'autant plus sentis qu'elle a eu lieu d'une manière plus subite.

Je n'ai parlé, dans le courant de cet article, que de cette humidité accidentelle et passagère qui forme une constitution momentanée. Le climat essentiellement chaud et humide de quelques localités particulières, ne doit être mentionné que d'une manière légère, puisque je ne considère que sous une forme abstraite tout ce qui a rapport à la zone torride. C'est en quelque sorte une topographie générale, et non particulière, de cette portion du globe

Je dirai donc seulement que, l'enfant dès sa naissance, frappé d'une débilité plus marquée que lui ont transmise ses parens, croit et vit dans la langueur et un état cachectique comme tout ce qui l'environne ; que respirant sans cesse un air malsain, toutes ses humeurs offrent une altération funeste ; que son moral enfin comme son physique sont pareillement affectés et privés d'énergie. Mais écoutons Hippocrate qui a si bien saisi tous ces caractères. Il vient de décrire les rives du Phase, et s'arrête un moment à ses habitans : « leur taille, dit-il, est haute, surchargée d'embonpoint ; « leurs articulations et leurs vaisseaux semblent perdus dans une « mauvaise graisse. Tout leur corps est pâle, ou plutôt ils rap- « prochent, quant à la couleur de leur peau, des personnes qui « ont la jaunisse ; et comme l'air qu'ils respirent est impur, né- « buleux et très-humide, ils ont la voix la plus rauque qui puisse « sortir d'une bouche humaine ; ils sont d'ailleurs remarquables « par une extrême lenteur dans tous leurs mouvemens, et un « défaut presqu'absolu d'énergie. » Faible dans son enfance, inactif par sa constitution, il demeure sans passion, et ne recherche que l'indolence qu'il aime. Il croupit en quelque manière durant sa pénible existence, comme les eaux des lieux qui l'ont vu naître, et souvent il se voit enlevé avant le terme qu'il avait à parcourir, par des fièvres pernicieuses, malignes ou putrides, dont de tels endroits sont toujours les foyers impurs.

Ces qualités de l'atmosphère et les effets qui en émanent, déterminent chez l'habitant de la zone torride un tempérament particulier : c'est le bilieux qui se joint en même-temps à une irritabilité extrême. Il porte au physique comme au moral, tous les caractères qui peuvent dépendre de cette double combinaison ; l'humidité atmosphérique n'y étant que passagère et accidentelle, n'influe pas autant qu'on le pourrait croire d'abord. On trouve cependant quelques tempéramens qui se rapprochent beaucoup du lymphatique.

Si ce tempérament est le plus ordinaire, si les causes et les effets que je viens de détailler sont tels, doit-on s'étonner que certaines classes de maladies soient plus spécialement celles de la zone torride. Si l'on conçoit que les maladies inflammatoires doivent s'y montrer rarement, on doit aussi se rendre raison de la fréquence des maladies bilieuses. La susceptibilité nerveuse en rend les affections on ne peut pas plus communes, et toutes celles dont le caractère est essentiellement asthénique, trouvant dans la constitution individuelle une prédisposition, n'attendent qu'une de ces circonstances si communes pour se développer. Pour faire un examen convenable et méthodique de ces maladies, il faudrait suivre pas à pas un cadre nosologique, et ce travail qui passerait de beaucoup les bornes d'une thèse, appartient d'ailleurs plutôt à une tête mûrie dans la réflexion et la pratique. Je ne ferai donc qu'énoncer d'une manière succincte celles qui s'y rencontrent le plus fréquemment, et les causes générales qui peuvent concourir à les produire.

Fièvres. Les fièvres sont peut être plus communes encore dans les pays dont je parle, que partout ailleurs. Les différens ordres ne s'observent cependant pas également. La fièvre angeioténique, par exemple, est infiniment rare dans ces pays, ou si quelquefois elle s'offre à l'observation, c'est sur des étrangers robustes et nouvellement arrivés. Tel est au moins ce que dit Lind. Il assure ne l'avoir jamais observée sur les indigènes des différens endroits où les Anglais avaient établi des comptoirs; mais en revanche, toutes les autres fièvres semblent avoir choisi plus particulièrement les climats chauds. L'état de débilité du tube digestif, les alimens peu nourrissans, les digestions pénibles, les fortes chaleurs, le tempérament bilieux, l'abus que beaucoup de gens font des liqueurs alcooliques, une constitution en tout affaiblie, l'usage d'alimens amilacés non fermentés, celui qu'on fait des bains, et l'engorgement si commun de quelque organe du bas-ventre; voilà les principales causes que l'on signale comme pouvant déterminer une fièvre gastrique, bilieuse ou muqueuse. On peut donc trouver en cela la raison de leur fréquence dans les pays chauds où toutes ces causes existent, soit dans la constitution individuelle, soit dans l'atmosphère ou dans l'hygiène.

L'impression d'une chaleur brûlante, l'humidité excessive durant les temps de l'hivernage, les effluves marécageux dans une infinité d'endroits après l'écoulement des eaux qui inondaient leur surface pendant la saison précédente, les émanations putrides, l'irrégularité dans le repos ou le travail, l'influence d'une passion portée à l'excès et l'abus des plaisirs vénériens, telles sont les causes les plus susceptibles de produire une fièvre maligne ou putride. Le docteur Lind, que j'ai déjà cité plusieurs fois, n'est pas éloigné de croire que, dans certaines contrées, et notamment la Guinée, les premières pluies ne soient chargées de principes délétères capables de les déterminer, et que, dans d'autres, elles dissolvent ces mêmes principes dans la terre, dont la surface, trop sèche, formait comme une croûte qui s'opposait à leur évaporation. Pouppé-Desportes fait mention d'une épidémie de fièvre putride qui sévit au Cap à Saint-Domingue, lors du renouvellement de cette ville, et il ne lui attribue d'autre cause que le mouvement des terres.

Il est une maladie sur laquelle on a beaucoup discuté, et qui n'a pas encore cessé d'occuper : c'est la fièvre jaune ou le typhus américain. Toujours pernicieuse aux étrangers, et souvent fatale aux indigènes, elle exerce communément ses ravages dans les régions les plus chaudes de l'Amérique. La science demande encore des connaissances exactes sur la nature de cette fièvre : la plupart des auteurs s'accordent à la regarder comme le *supremum* de la malignité ; les autres opinions qu'on a émises sont tellement contradictoires ou satisfont si peu, que je n'en parlerai pas.

Toutes ces fièvres se présentent d'ailleurs sous les mêmes types que partout. Cependant je ferai remarquer qu'aux Grandes-Indes, où les fièvres malignes sont la maladie ordinaire de la saison des pluies, elles ont une terminaison funeste quand elles sont rémittentes. M. Bajon, médecin à Cayenne, fait aussi mention d'une fièvre du même ordre, d'une nature très-insidieuse : son type est le double tierce, et elle n'épargne pas plus l'indigène que l'étranger. Les fièvres tierce et quarte n'offrent point le même danger, mais elles sont ordinairement rebelles au grand nombre des moyens thérapeutiques, et cela est dû sans doute à la continuité de l'influence qui les a vu naître; et si, après le renouvellement de la saison, elles subsistent encore, c'est sans doute par une espèce d'habitude qu'a contractée l'économie, et qui ne doit céder que difficilement. Ces dernières sont souvent accompagnées d'engorgement des viscères qui dure plus ou moins long-temps après leur disparition.

Phlegmasies. La disposition ou cet état particulier du sang, une quantité moindre, en général, de sucs dans les tissus, et une constitution plus faible, semblent proscrire de ces climats la plupart des maladies inflammatoires. Je craindrais pourtant de tomber dans une erreur, si j'avançais cette proposition d'une manière absolue; mais ce que je puis dire avec la confiance que m'inspirent plusieurs noms recommandables, c'est qu'elles y sont, en général, beaucoup plus rares, et qu'elles ne se présentent pas sous cet aspect franc comme dans les pays du nord : je ferai même une exception à ma proposition, et ce sera en faveur des phlegmasies cutanées; l'effort expansif vers la périphérie les y rend toutes très-fréquentes. Plusieurs de ces maladies, inflammation vraie dans les pays froids, s'arrêtent sous la zone torride à la période d'irritation, ou, si elles vont plus loin, ce sont de fausses inflammations, souvent symptomatiques d'un état particulier du bas-ventre. Tous les auteurs que j'ai parcourus parlent beaucoup de la fréquence des flux de ventre : ces maladies sont le ténesme et la dysenterie, que M. Desportes regarde comme les deux degrés d'une même affection; la lienterie, qui existe sans aucune douleur; le flux hépatique, moins commun que les précédens; enfin, le flux chyleux.

Hémorrhagies. Si une constitution forte et athlétique n'est point une disposition aux hémorrhagies, pourvu qu'on observe fidèlement les principes de l'hygiène, et qu'au contraire l'expérience prouve qu'elles sont le plus souvent le partage des personnes douées d'une grande sensibilité et disposées aux affections morales, elles devraient être, dans les climats dont je parle, une des classes de maladies qui affectent le plus souvent. Affaiblissement radical, sensibilité exquise, passions fortes, abus des liqueurs alcoolisées et des aromates, prédominance de l'énergie du système sanguin : voilà des causes qui devraient les reproduire sans cesse. Cependant cela n'a point lieu, et c'est sans doute encore l'effet de cette action fortement attractive vers la circonférence. Les écrits des médecins qui y ont pratiqué, font connaître néanmoins que les hémorrhoïdes s'y montrent fréquemment, et que les pertes sanguines par l'utérus sont très-considérables. On peut concevoir facilement, que dans des pays où tout se fait par secousses, où la machine organique est sujète à des révolutions promptes, où la sensibilité est portée à l'excès ; on peut concevoir, dis-je, que quelquefois une aberration peut avoir lieu dans les mouvemens ordinaires, et changer momentanément l'ordre des fonctions.

Névroses. L'étonnant accroissement de la susceptibilité nerveuse que j'ai rappelé déjà tant de fois, fait sans doute pressentir qu'une des classes les plus nombreuses des maladies de la zone torride est celle des névroses. Toutes s'observent également ; cependant quelques-unes de l'ordre des vésanies, telles que l'hypocondrie et la mélancolie, sont plus communes que les lésions des sens ; les névralgies, les différentes convulsions le sont encore plus. Il en est qui lui sont particulières, ou du moins qui se modifient suivant les endroits ; ce sont le clem ou spasme universel de Surinam, celui du Brésil et de Batavia, le mal de mâchoire des nouveau-nés. Ce relâchement dont sont frappés les corps doit se changer quelquefois en de violens spasmes ; c'est là l'essence de la vie de réagir contre un principe qui s'en éloigne trop. Je dois encore signaler une affection singulière très commune dans les Deux-Indes, et dont on trouve une exacte description dans Bajon : c'est le mal de ventre sec.

Lésions organiques et maladies spécifiques. De ces maladies, les unes paraissent particulières à tel pays plutôt qu'à tel autre ; les autres s'observent également partout. La syphilis y est en général très-commune, sans doute à cause de la facilité avec laquelle l'absorption s'effectue ; mais elle s'accompagne heureusement de moins de dangers, les suites sont moins funestes, et elle guérit le plus souvent à l'aide d'un traitement qui serait très-insuffisant ailleurs.

Les autres affections de cette classe qui se montrent le plus souvent sont le pian, les infiltrations chez les viéillards, les ulcères d'une nature particulière, les hernies, et enfin toutes les affections vermineuses, parmi lesquelles je signalerai plus particulièrement le ver de Guinée. L'éléphantiasis des Grecs n'y est pas étrangère; on en trouve quelques exemples dans l'ouvrage de M. Campet. Mais il est une autre maladie non moins terrible, et qui paraît avoir quelque analogie avec la lèpre : c'est le mal rouge, particulier à plusieurs endroits de la Guinée. Une espèce de cachexie, connue sous le nom de mal d'estomac, y est très-commune, au rapport de tous les observateurs; elle attaque plus particulièrement la classe misérable. Il en est encore de même de toutes les maladies du foie, et des ictères symptomatiques les accompagnent le plus souvent.

APPENDICE A LA DEUXIÈME SECTION.

De tout ce que nous avons exposé dans la section précédente, on voit que l'économie est toujours dans un état d'excitation, qui, à la vérité, est corrigé jusqu'à un certain point par une faiblesse radicale. Mais le moindre changement survient-il dans la machine, un principe morbifique s'y développe-t-il, l'éréthisme aussitôt prend l'empire. C'est alors qu'il convient d'épier soigneusement les vues de la nature, de la débarrasser des entraves qui la gênent et de favoriser les crises qu'elle prépare. On oppose à cette irritation, nuisible si elle va trop loin, les tempérans, les rafraîchissans, les boissons délayantes, tout ce qui peut enfin diminuer cette direction vicieuse de la puissance vitale. Il peut être utile d'y joindre de bonne heure les anti-septiques, afin de détruire ou au moins de diminuer la tendance si grande vers la putridité. Si l'on soupçonne une inflammation fixée, ou qu'un organe tende à cet état, on peut employer les saignées générales ou locales, suivant que le cas l'exige : on peut même ne les employer que comme anti-spasmodiques; mais leur usage doit être modéré, car il est important de se rappeler toujours que, dans les climats chauds, les inflammations sont rarement légitimes, et que plus tard l'affaiblissement sera relatif au degré de spasme : cet état même peut suivre immédiatement les évacuations sanguines. Ce n'est qu'après avoir ainsi temporisé, en quelque sorte, avec la maladie, que son effort est calmé, que le spasme n'existe plus, que l'on doit se permettre d'évacuer le malade ; plutôt, tous remèdes actifs seraient nuisibles ; ils agiraient à la manière des stimulans, et ne manqueraient pas de produire une sur-excitation : *Quibus per circuitus exacerbantur, nihil dato, nihil cogito......* Hippocrate, aph. sect. 1. 19.

La convalescence arrive et l'usage des toniques devient alors nécessaire ; mais il faut les administrer avec sagesse, de peur que le premier état qu'on avait combattu ne revienne encore. Le précepte de diriger avec soin la convalescence est peut-être d'une importance plus rigoureuse encore sous la zone brûlante que partout ailleurs.

Dans quelques cas, cependant, cette méthode expectante, ordinairement si sage, deviendrait blâmable : c'est dans les maladies où les périodes se succèdent promptement et d'une manière tumultueuse, où la marche est précipitée et incertaine, où les différens symptômes plus ou moins fâcheux qui les caractérisent, prennent en peu de temps une intensité remarquable et leur impriment un caractère pernicieux. On doit alors aller au-devant de la maladie, la simplifier, l'enrayer, en détruire même le germe, s'il est possible, avant qu'il ne se développe. On ne peut établir, d'une manière générale, des règles qui puissent s'appliquer rigoureusement aux différens cas : c'est à la sagacité du praticien à saisir ces difficultés.

Dans quelques circonstances, plus rares à la vérité, la nature est insuffisante pour opérer le travail de la maladie, et la méthode curative doit encore varier : c'est ce que M. Bajon a très-bien senti à Cayenne, mais qu'il a trop généralisé. Ce fait existe pour cette île, mais il se rencontre moins fréquemment dans les pays plus salubres et moins humides. Voilà, au reste, comment il s'explique :

« L'observation m'a montré plusieurs fois que la nature était languissante dans la plupart des cas, les mouvemens fébriles trop

« lents et trop peu actifs : aussi l'humeur qui les produit n'ayant
« pas pu être attaquée et détruite par l'action des forces vitales,
« se fixait sur quelque partie essentielle à la vie, et le malade
« succombait souvent sans paraître fort incommodé. D'après cet
« exposé, il semble que le but de l'art devrait être d'exciter et
« d'augmenter la fièvre dans bien des cas. »

Il est deux préceptes de la plus saine pratique que le médecin ne doit jamais oublier : le premier est d'avoir toujours présent la constitution régnante ; elle modifie toutes les maladies qui naissent pendant sa durée, les complique, leur imprime le caractère particulier qui la constitue : dans la constitution bilieuse par exemple, la plupart des inflammations, si elles ne sont pas symptomatiques d'une affection de cette nature, en seront toutes compliquées. Les fluxions de poitrine, les dysenteries, les angines, les ophthalmies céderont ou diminueront sensiblement par l'usage unique des évacuans. — Il n'est pas moins important de donner une scrupuleuse attention aux crises. Dans les climats chauds elles se font presque toutes par la peau ; elles sont ordinairement précédées d'une légère diminution de l'intensité des symptômes ou du trouble qui régnait ; bientôt une sueur plus ou moins abondante ou un exanthème apparaît. Si la constitution est essentiellement humide, comme au plus fort de l'hivernage, il se peut qu'elle se fasse plutôt par les selles, les urines, les crachats : chaque maladie d'ailleurs a sa crise de préférence. Dans tous ces cas il faut la respecter ; et si l'on se croit obligé d'agir, ce ne doit être que dans la vue de la favoriser : *Quæ judicantur, et judicata sunt perfectè, ea neque moveto, neque medicamentis, neque aliis irritamentis innovato, sed sinito.* Hipp. aph. sect. 1. 20.

F I N.

PROFESSEURS
DE LA FACULTÉ DE MÉDECINE.

M. Jacques LORDAT, *Doyen.*
M. J. Antoine CHAPTAL, *honoraire.*
M. J. B. Timothée BAUMES.
M. M. J. Joachim VIGAROUS.
M. Pierre LAFABRIE.
M. J. L. Victor BROUSSONNET.
M. G. Joseph VIRENQUE.
M. C. J. Mathieu DELPECH.
M. Joseph FAGES.
M. Alire RAFFENEAU DELILE.
M. François LALLEMAND.
M. Joseph ANGLADA.
M. César CAIZERGUES.

MATIERE DES EXAMENS.

1.er *Examen.* Anatomie, Physiologie.
2.e *Examen.* Pathologie, Nosologie, Accouchemens.
3.e *Examen.* Chimie, Botanique, Matière médicale, Thérapeutique, Pharmacie.
4.e *Examen.* Hygiène, Police Médicale, Médecine légale.
5.e *Examen.* Clinique interne ou externe, suivant le titre de Docteur en Médecine ou en Chirurgie que le candidat voudra acquérir.
6.e et dernier *Examen.* Présenter et soutenir une Thèse.